The Incredible Mr. Zwirbel And Other Bilingual German-English Stories for Kids

Pomme Bilingual

Published by Pomme Bilingual, 2024.

While every precaution has been taken in the preparation of this book, the publisher assumes no responsibility for errors or omissions, or for damages resulting from the use of the information contained herein.

THE INCREDIBLE MR. ZWIRBEL AND OTHER BILINGUAL GERMAN-ENGLISH STORIES FOR KIDS

First edition. September 14, 2024.

ISBN: 979-8227628923

Written by Pomme Bilingual.

Table of Contents

Max und der fliegende Koffer

Max war ein ganz normaler Junge. Zumindest dachte er das, bis er eines Tages auf etwas ganz Außergewöhnliches stieß – einen alten, verstaubten Koffer, der unter seinem Bett lag. Er hatte keine Ahnung, wie der Koffer dorthin gekommen war, aber eines war sicher: Es war kein gewöhnlicher Koffer.

Als Max den Koffer öffnete, fand er darin nichts als Staub und ein paar alte Kleidungsstücke. Doch als er den Deckel wieder schließen wollte, begann der Koffer plötzlich zu zittern und hob sich ein paar Zentimeter vom Boden ab. Max traute seinen Augen nicht – der Koffer konnte fliegen!

„Wow!", rief Max, während er sich den Koffer genauer ansah. Plötzlich hörte er eine leise Stimme aus dem Inneren des Koffers: „Hallo, Max!"

Max sprang erschrocken zurück. „Wer... wer ist da?", stotterte er.

„Ich bin der Koffer", sagte die Stimme ruhig. „Ich bin ein magischer Koffer, und ich brauche deine Hilfe."

Max konnte es kaum fassen. Ein sprechender, fliegender Koffer! „Was für eine Art Hilfe brauchst du?", fragte er neugierig.

Der Koffer erklärte, dass er von einem alten Magier erschaffen wurde und nun auf der Suche nach einem neuen Besitzer sei. Jemanden, der mutig genug wäre, mit ihm in ferne Länder zu reisen und spannende Abenteuer zu erleben.

Max' Augen leuchteten auf. „Ich liebe Abenteuer!", rief er begeistert. „Wohin geht die Reise?"

„Das weiß ich nicht genau", antwortete der Koffer. „Du bestimmst, wohin wir fliegen. Der Koffer wird dir immer den Weg zeigen."

Max packte ein paar Dinge in den Koffer, setzte sich oben drauf und schon ging es los. Der Koffer hob vom Boden ab und flog aus dem Fenster, hoch über die Stadt.

Zuerst flogen sie über die Dächer von Max' Heimatstadt, dann über Wälder und Felder, bis sie schließlich an einem Ort ankamen, den Max noch nie zuvor gesehen hatte. Es war ein riesiger Wald, und in der Mitte stand ein Schloss – ein Schloss aus Schokolade!

„Das ist unglaublich!", rief Max, als er vom Koffer sprang. Er rannte auf das Schloss zu und konnte nicht widerstehen, ein Stück von der Wand zu kosten. „Lecker!", sagte er mit vollem Mund.

Doch bevor Max sich weiter an der Schokoladenburg bedienen konnte, erschien ein großer, mürrischer Drache vor ihm. „Wer wagt es, mein Schloss zu betreten?", brüllte der Drache.

Max erschrak, aber der Koffer flog mutig zwischen ihn und den Drachen. „Keine Sorge, Max", sagte der Koffer. „Ich habe schon viel schlimmere Drachen gesehen."

Max fasste all seinen Mut zusammen und sprach den Drachen an. „Wir wollen dir nichts tun", sagte er. „Wir sind nur auf der Durchreise. Ist das wirklich dein Schloss?"

Der Drache nickte stolz. „Ja, das ist mein Zuhause. Ich habe es mit meinem Feueratem erschaffen. Aber du kannst gerne ein Stück davon probieren, wenn du mir im Gegenzug einen Gefallen tust."

Max war erleichtert. „Was soll ich tun?", fragte er.

Der Drache erzählte, dass er seit vielen Jahren auf der Suche nach einem verlorenen Schatz sei – einem goldenen Schlüssel, der irgendwo tief im

Wald versteckt war. Der Schlüssel öffnete eine Tür zu einem Geheimnis, das der Drache unbedingt lüften wollte.

„Ich helfe dir!", rief Max. Er sprang auf den Koffer und sie flogen tief in den Wald hinein. Nach einer Weile entdeckten sie eine alte Eiche, die so groß war, dass sie bis in die Wolken ragte. „Der Schlüssel muss hier irgendwo sein", murmelte Max.

Er kletterte mutig in die Eiche hinauf, und ganz oben, in einem kleinen Astloch, fand er den goldenen Schlüssel. „Ich hab ihn!", rief er triumphierend und rutschte den Baum hinunter.

Der Drache war überglücklich, als Max ihm den Schlüssel überreichte. „Danke, kleiner Freund", sagte der Drache und öffnete mit dem Schlüssel eine geheime Tür im Boden der Burg. Dahinter verbarg sich eine riesige Schatzkammer voller Gold, Juwelen und magischer Artefakte.

„Nimm dir, was du willst", sagte der Drache großzügig.

Max war überwältigt von all den Schätzen, doch er entschied sich nur für eine kleine, unscheinbare Feder. „Diese Feder ist magisch", erklärte der Drache. „Sie wird dir immer helfen, den richtigen Weg zu finden."

Max bedankte sich bei dem Drachen und machte sich mit seinem Koffer wieder auf den Heimweg. Als er zu Hause ankam, konnte er es kaum erwarten, sein nächstes Abenteuer zu planen. Mit einem magischen Koffer und einer zauberhaften Feder wusste er, dass die Welt voller spannender Reisen auf ihn wartete.

Max and the Flying Suitcase

Max was an ordinary boy. At least, that's what he thought, until one day he stumbled upon something quite extraordinary – an old, dusty suitcase that lay under his bed. He had no idea how the suitcase had gotten there, but one thing was clear: it was no ordinary suitcase.

When Max opened the suitcase, all he found inside was dust and a few old clothes. But as he tried to close the lid again, the suitcase began to tremble and lifted a few inches off the ground. Max couldn't believe his eyes – the suitcase could fly!

"Wow!" Max exclaimed as he looked at the suitcase more closely. Suddenly, he heard a faint voice from inside the suitcase: "Hello, Max!"

Max jumped back in shock. "Who... who's there?" he stammered.

"I'm the suitcase," said the voice calmly. "I'm a magical suitcase, and I need your help."

Max could hardly believe it. A talking, flying suitcase! "What kind of help do you need?" he asked, curious.

The suitcase explained that it had been created by an old magician and was now looking for a new owner. Someone brave enough to travel to far-off lands and embark on exciting adventures.

Max's eyes lit up. "I love adventures!" he exclaimed. "Where are we going?"

"I don't know exactly," replied the suitcase. "You decide where we fly. The suitcase will always show you the way."

Max packed a few things into the suitcase, sat on top of it, and off they went. The suitcase lifted off the ground and flew out the window, high above the city.

First, they flew over the rooftops of Max's hometown, then over forests and fields, until they finally arrived at a place Max had never seen before. It was a giant forest, and in the middle stood a castle – a castle made of chocolate!

"This is incredible!" Max shouted as he jumped off the suitcase. He ran toward the castle and couldn't resist taking a bite of the wall. "Delicious!" he said with his mouth full.

But before Max could continue indulging in the chocolate castle, a large, grumpy dragon appeared before him. "Who dares to enter my castle?" the dragon roared.

Max was startled, but the suitcase flew bravely between him and the dragon. "Don't worry, Max," the suitcase said. "I've seen much scarier dragons."

Max gathered all his courage and spoke to the dragon. "We don't mean any harm," he said. "We're just passing through. Is this really your castle?"

The dragon nodded proudly. "Yes, this is my home. I built it with my fire breath. But you're welcome to try some if you do me a favor in return."

Max was relieved. "What do you need me to do?" he asked.

The dragon explained that he had been searching for a lost treasure – a golden key hidden deep in the forest. The key unlocked a door to a secret the dragon had long wanted to uncover.

"I'll help you!" Max exclaimed. He jumped onto the suitcase, and they flew deep into the forest. After a while, they came upon an ancient oak tree, so tall it reached into the clouds. "The key must be here somewhere," Max muttered.

He bravely climbed up the oak tree, and at the very top, in a small hollow, he found the golden key. "I've got it!" he shouted triumphantly and slid down the tree.

The dragon was overjoyed when Max handed him the key. "Thank you, little friend," said the dragon and used the key to open a secret door in the castle's floor. Behind it was a vast treasure chamber filled with gold, jewels, and magical artifacts.

"Take whatever you want," said the dragon generously.

Max was overwhelmed by all the treasures, but he chose only a small, simple feather. "This feather is magical," the dragon explained. "It will always help you find your way."

Max thanked the dragon and set off for home with his suitcase. When he arrived back home, he could hardly wait to plan his next adventure. With a magical suitcase and an enchanted feather, he knew the world was full of exciting journeys waiting for him.

Tom und die Unsichtbare Socke

Tom war ein Junge wie jeder andere. Er mochte Schokoladeneis, spielte gerne Fußball und hasste es, sein Zimmer aufzuräumen. Doch an einem Montagmorgen änderte sich alles – wegen einer Socke. Ja, richtig gelesen: einer Socke. Aber nicht irgendeiner Socke, sondern einer unsichtbaren Socke.

Es begann, als Tom eines Tages verzweifelt nach einem Paar Socken suchte. „Mama! Wo sind meine Socken?" rief er aus seinem Zimmer.

„In deiner Schublade, wo sie immer sind!", antwortete seine Mutter aus der Küche, als ob es das Offensichtlichste der Welt wäre.

Doch als Tom seine Schublade öffnete, fand er dort nur eine Socke. Die andere war wie vom Erdboden verschluckt. Genervt kramte er in allen Schubladen, unter dem Bett und sogar im Kleiderschrank, aber die Socke blieb verschwunden.

„Das kann doch nicht wahr sein", murmelte er. Er setzte sich aufs Bett und zog die eine Socke an, die er gefunden hatte. Plötzlich fühlte er etwas Seltsames. Sein anderer Fuß fühlte sich warm an, obwohl er nichts anhatte. Tom sah verwirrt auf seinen Fuß, und dann passierte es: Vor seinen Augen erschien langsam eine zweite Socke – unsichtbar, aber spürbar.

Tom konnte es nicht glauben. „Eine unsichtbare Socke?", fragte er sich laut. Aber es war tatsächlich so. Eine Socke, die niemand sehen konnte, aber die eindeutig da war.

Er zog die unsichtbare Socke an, und schon begann das Abenteuer. Kaum hatte er die Socke angezogen, da fühlte er sich plötzlich ganz leicht, als würde er schweben. Tom sah auf seine Füße und stellte fest, dass er wirklich in der Luft schwebte! „Das ist ja unglaublich!", rief er, während er in seinem Zimmer auf und ab flog.

Doch das war erst der Anfang. Die unsichtbare Socke hatte noch mehr Kräfte, wie Tom bald herausfinden würde. Als er später zur Schule ging, bemerkte er, dass er unglaublich schnell rennen konnte – schneller als alle anderen Kinder. „Hey, warte auf uns!", riefen seine Freunde, als Tom wie der Wind am Pausenhof vorbeirauschte.

Aber Tom hielt nicht an. Er liebte das Gefühl, so schnell zu sein, dass niemand ihn einholen konnte. Er rannte und rannte, bis er plötzlich vor dem Schulhaus stand. „Das ist verrückt", sagte er, als er die Socke herunterzog und wieder normal auf dem Boden stand.

Doch nicht alles war perfekt. Während des Unterrichts passierte etwas Peinliches. Toms unsichtbare Socke entschied, dass sie nicht mehr unsichtbar sein wollte. In der Mitte der Matheaufgabe sahen alle seine Mitschüler plötzlich, wie eine Socke über der Tischkante schwebte. „Was ist das?", rief ein Mädchen und zeigte mit dem Finger auf die Socke.

Tom wurde rot wie eine Tomate. „Äh... das... das ist nur eine alte Socke", stotterte er und versuchte, sie schnell zu verstecken. Doch die Socke hatte ihren eigenen Kopf. Sie schwebte hoch über Toms Kopf und begann, im Klassenzimmer herumzuwirbeln.

„Tom! Was machst du da?", fragte seine Lehrerin streng.

„Ich... ich weiß es auch nicht", antwortete er hilflos.

Die unsichtbare Socke – die jetzt nicht mehr ganz so unsichtbar war – schwebte fröhlich weiter durch den Raum, bis sie schließlich wieder unsichtbar wurde. Die ganze Klasse starrte Tom an, aber niemand konnte wirklich erklären, was gerade passiert war.

Als die Schule vorbei war, machte sich Tom schnell auf den Weg nach Hause. Er musste herausfinden, wie er die Socke kontrollieren konnte, bevor sie noch mehr Chaos anrichtete.

Zuhause angekommen, setzte er sich auf sein Bett und zog die Socke vorsichtig aus. „Was bist du?", fragte er die Socke, als ob sie ihm antworten könnte. Doch natürlich blieb die Socke stumm. Trotzdem war Tom sicher, dass diese Socke magisch war. Vielleicht hatte sie besondere Kräfte – Kräfte, die Tom noch nicht kannte.

Am nächsten Morgen beschloss er, die Socke erneut anzuziehen und zu testen, was sie noch alles konnte. Doch diesmal war er vorbereitet. Wenn die Socke wieder unsichtbar wurde, würde er es nicht zulassen, dass sie ihn blamierte.

Im Park testete Tom die Socke. Er konnte unglaublich hoch springen, weiter als je zuvor. Er hüpfte über Bänke, Büsche und sogar über den Kopf eines Hundes, der erschrocken bellte, als Tom über ihn sprang.

Doch plötzlich tauchte ein Problem auf. Eine Gruppe von Jungen aus seiner Schule sah, wie Tom über den Park sprang. „Was machst du da, Tom?", rief einer von ihnen. „Bist du ein Superheld oder was?"

Tom grinste, aber er wusste, dass er vorsichtig sein musste. „Äh, nein, ich bin nur... äh... besonders gut im Springen", sagte er und hoffte, dass sie es glauben würden.

Aber die Jungen ließen sich nicht so leicht täuschen. „Zeig uns, wie du das machst!", forderte einer von ihnen. „Oder hast du etwa Angst?"

Tom wusste, dass er in Schwierigkeiten war. Wenn er die Socke zu oft benutzte, würden die anderen herausfinden, dass etwas nicht stimmte. Doch er konnte nicht widerstehen. Er zog die Socke höher und sprang noch einmal – diesmal noch höher als zuvor. Die Jungen starrten mit offenem Mund.

Plötzlich wurde die Socke wieder sichtbar. „Hey, was ist das?", rief einer der Jungen. „Ist das... eine magische Socke?"

Tom packte schnell die Socke und rannte davon. Er musste sie verstecken, bevor noch mehr Leute sie sahen. Er lief so schnell er konnte nach Hause, zog die Socke aus und versteckte sie tief in seinem Schrank.

Aber das Abenteuer war noch nicht zu Ende. Am nächsten Tag fand Tom einen Zettel in seiner Schultasche. Darauf stand nur: „Wir wissen von der Socke. Komm heute nach der Schule zum alten Baum im Park."

Tom erschrak. Wer wusste von der Socke? Und was wollten sie?

Als die Schule vorbei war, ging er zum alten Baum. Dort standen die Jungen aus dem Park und grinsten ihn an. „Keine Sorge, Tom", sagte einer von ihnen. „Wir wollen deine Socke nicht stehlen. Wir wollen nur mit dir zusammen die coolsten Abenteuer erleben."

Tom überlegte einen Moment, dann lächelte er. Vielleicht war es gar nicht so schlecht, die Socke mit anderen zu teilen. Und so begann ein neues Abenteuer – diesmal nicht alleine, sondern mit seinen neuen Freunden und einer unsichtbaren Socke, die immer für Überraschungen gut war.

Tom and the Invisible Sock

Tom was a boy like any other. He liked chocolate ice cream, enjoyed playing football, and hated cleaning his room. But one Monday morning, everything changed – because of a sock. Yes, you read that right: a sock. But not just any sock, an invisible sock.

It all started when Tom desperately searched for a pair of socks. "Mom! Where are my socks?" he called from his room.

"In your drawer, where they always are!" his mother replied from the kitchen, as if it was the most obvious thing in the world.

But when Tom opened his drawer, he found only one sock. The other had vanished into thin air. Frustrated, he rummaged through all his drawers, under the bed, and even in his wardrobe, but the sock remained missing.

"This can't be happening," he muttered. He sat down on his bed and put on the one sock he found. Suddenly, he felt something strange. His other foot felt warm, even though it had nothing on. Tom looked down at his foot, and then it happened: before his eyes, a second sock slowly appeared – invisible but clearly there.

Tom couldn't believe it. "An invisible sock?" he asked aloud. But it was true. A sock that no one could see, but that was definitely there.

He put on the invisible sock, and that's when the adventure began. As soon as he wore the sock, he felt light, as if he were floating. Tom looked down at his feet and realized that he was indeed floating in the air! "This is incredible!" he shouted as he flew around his room.

But that was just the beginning. The invisible sock had even more powers, as Tom would soon find out. When he went to school later, he noticed that he could run incredibly fast – faster than all the other kids. "Hey, wait for us!" his friends shouted as Tom sped across the playground like the wind.

But Tom didn't stop. He loved the feeling of being so fast that no one could catch him. He ran and ran until he suddenly found himself standing in front of the school building. "This is crazy," he said as he took off the sock and stood back on the ground, normal again.

But not everything was perfect. During class, something embarrassing happened. Tom's invisible sock decided it didn't want to be invisible anymore. In the middle of the math lesson, all his classmates suddenly saw a sock floating above the edge of the desk. "What is that?" a girl exclaimed, pointing at the sock.

Tom turned as red as a tomato. "Uh... that... that's just an old sock," he stammered, trying to hide it quickly. But the sock had a mind of its own. It floated up above Tom's head and began swirling around the classroom.

"Tom! What are you doing?" his teacher asked sternly.

"I... I don't know," he replied helplessly.

The invisible sock – which was no longer quite so invisible – continued to happily float around the room until it finally became invisible again. The whole class stared at Tom, but no one could really explain what had just happened.

When school was over, Tom rushed home. He had to figure out how to control the sock before it caused even more chaos.

Once home, he sat on his bed and carefully took the sock off. "What are you?" he asked the sock, as if it could answer. Of course, the sock remained silent. Still, Tom was certain that this sock was magical. Maybe it had special powers – powers that Tom hadn't yet discovered.

The next morning, Tom decided to put the sock on again and see what else it could do. But this time, he was prepared. If the sock became invisible again, he wouldn't let it embarrass him.

At the park, Tom tested the sock. He could jump incredibly high, higher than ever before. He leaped over benches, bushes, and even over the head of a dog, who barked in surprise as Tom soared above him.

But suddenly, a problem appeared. A group of boys from his school saw Tom jumping through the park. "What are you doing, Tom?" one of them shouted. "Are you a superhero or something?"

Tom grinned, but he knew he had to be careful. "Uh, no, I'm just... uh... really good at jumping," he said, hoping they would believe him.

But the boys weren't so easily fooled. "Show us how you do it!" one of them demanded. "Or are you scared?"

Tom knew he was in trouble. If he used the sock too often, the others would figure out something was wrong. But he couldn't resist. He pulled the sock higher and jumped again – this time even higher than before. The boys stared, mouths open.

Suddenly, the sock became visible again. "Hey, what's that?" one of the boys shouted. "Is that... a magic sock?"

Tom quickly grabbed the sock and ran away. He had to hide it before more people saw it. He ran as fast as he could back home, took the sock off, and hid it deep in his closet.

But the adventure wasn't over yet. The next day, Tom found a note in his school bag. It read only: "We know about the sock. Come to the old tree in the park after school."

Tom froze. Who knew about the sock? And what did they want?

When school ended, he headed to the old tree. There, standing and grinning at him, were the boys from the park. "Don't worry, Tom," one of them said. "We don't want to steal your sock. We just want to have the coolest adventures with you."

Tom thought for a moment, then smiled. Maybe it wasn't such a bad idea to share the sock with others. And so began a new adventure – this time not alone, but with his new friends and an invisible sock that was always full of surprises.

Hanni und die sprechende Pfütze

Hanni war ein ganz normales Mädchen. Sie liebte es, im Regen zu spielen und in Pfützen zu springen, auch wenn ihre Eltern es nicht mochten, weil sie danach immer so schmutzig wurde. Eines stürmischen Nachmittags, als der Regen besonders stark prasselte, geschah etwas, das Hannis Leben für immer verändern sollte.

Hanni zog ihre Lieblingsgummistiefel an – die gelben mit den blauen Punkten – und lief hinaus in den Garten. Der Regen prasselte wie verrückt und die Pfützen auf dem Boden waren riesig. Sie sprang in die größte Pfütze, die sie finden konnte, und platsch! Ein großer Wassertropfen spritzte in alle Richtungen.

Doch als sie sich umdrehte, bemerkte sie etwas Seltsames. Eine kleine, glitzernde Pfütze schien auf sie zu warten. „Wie komisch", murmelte Hanni und ging näher heran. Plötzlich hörte sie ein leises, kicherndes Geräusch. „He! Schau hierher!", rief die Pfütze.

Hanni hielt inne und starrte mit großen Augen auf die Pfütze. „Hast du gerade gesprochen?", fragte sie verwirrt.

„Ja, das habe ich", antwortete die Pfütze, die plötzlich wie ein kleiner, glitzernder Wassergeist aussah. „Ich bin Pia, die sprechende Pfütze. Ich habe dich schon erwartet."

Hanni konnte kaum glauben, was sie hörte. „Wie kannst du sprechen?", fragte sie fasziniert.

„Nun", erklärte Pia, „ich bin eine ganz besondere Pfütze. Ich wurde von einem geheimen Regenzauber verzaubert, und jetzt kann ich sprechen und sogar Wünsche erfüllen!"

„Wirklich?", fragte Hanni gespannt. „Was für Wünsche kannst du denn erfüllen?"

„Alles, was du dir wünschst, solange es nicht zu verrückt ist", sagte Pia mit einem geheimnisvollen Lächeln.

Hanni überlegte kurz und dann kam ihr eine Idee. „Ich wünsche mir, dass ich fliegen kann!"

Pia plätscherte aufgeregt und die ganze Pfütze begann zu leuchten. „Na gut", sagte sie. „Schließe deine Augen und stell dir vor, wie du durch die Luft fliegst."

Hanni schloss die Augen und stellte sich vor, wie sie durch den Himmel schwebte. Plötzlich fühlte sie sich ganz leicht und als sie die Augen öffnete, schwebte sie tatsächlich über der Erde. „Wow!" rief Hanni begeistert, während sie durch die Luft sauste und die Welt von oben betrachtete.

Sie flog über die Bäume, die Häuser und sogar über den nahegelegenen Park. Es war so aufregend, dass sie die Zeit vergaß. Doch irgendwann wurde es langsam dunkel und Hanni wusste, dass sie zurückkehren musste.

„Pia, wie komme ich wieder runter?", fragte sie ein wenig besorgt.

„Keine Sorge", sagte Pia beruhigend. „Denk einfach an den Boden und du wirst sanft landen."

Hanni tat, wie ihr geheißen wurde, und sie landete sanft in der Nähe ihrer Pfütze. Sie war überglücklich und bedankte sich bei Pia. „Danke, Pia! Das war fantastisch!"

„Es war mir eine Freude", sagte Pia freundlich. „Aber denk daran, dass du nur eine bestimmte Zeit fliegen kannst. Wenn du wieder hierher kommst, können wir noch viele weitere Abenteuer erleben."

Am nächsten Tag konnte Hanni kaum schlafen. Sie konnte es kaum erwarten, wieder zur Pfütze zu gehen und ein weiteres Abenteuer zu erleben. Doch als sie am Nachmittag hinausging, war die Pfütze verschwunden.

Hanni suchte überall im Garten, aber Pia war nirgends zu finden. Sie fragte ihre Eltern, aber sie wussten nichts über eine magische Pfütze. Enttäuscht ging sie ins Haus zurück, dachte an all die aufregenden Momente, die sie mit Pia erlebt hatte.

Aber Hanni gab nicht auf. Sie wusste, dass die magische Pfütze irgendwo da draußen sein musste. Jeden Tag suchte sie im Garten, hoffte, dass Pia wieder auftauchen würde. Doch die Tage vergingen und die Pfütze blieb verschwunden.

Eines Tages, als Hanni am meisten verzweifelt war, ging sie wieder hinaus in den Garten. Es war ein sonniger Tag und der Regen hatte aufgehört. Plötzlich hörte sie ein leises Plätschern. Hanni drehte sich um und da war sie – eine kleine, glitzernde Pfütze.

„Pia!", rief Hanni aufgeregt. „Bist du es wirklich?"

„Ja, das bin ich", antwortete Pia. „Ich habe dich nicht vergessen, Hanni. Ich musste mich nur ein wenig verstecken, um neue Kräfte zu sammeln."

Hanni strahlte vor Freude. „Ich freue mich so, dich wiederzusehen!"

Pia lächelte. „Und ich freue mich, wieder mit dir zu plaudern. Wie wäre es, wenn wir heute zusammen ein neues Abenteuer erleben?"

„Das klingt fantastisch!", sagte Hanni begeistert.

Hanni wusste, dass sie eine ganz besondere Freundin in Pia gefunden hatte, und dass ihre Abenteuer nie enden würden, solange sie an die Magie der Pfütze glaubte.

Hanni and the Talking Puddle

anni was an ordinary girl. She loved playing in the rain and jumping in puddles, even though her parents didn't like it because she always got so dirty afterward. One stormy afternoon, when the rain was particularly heavy, something happened that would change Hanni's life forever.

Hanni put on her favorite rubber boots – yellow with blue polka dots – and went out into the garden. The rain was pouring down like crazy, and the puddles on the ground were enormous. She jumped into the biggest puddle she could find, and splash! A big splash of water flew in all directions.

But when she turned around, she noticed something strange. A small, glittering puddle seemed to be waiting for her. "How odd," murmured Hanni, and went closer. Suddenly, she heard a faint giggling sound. "Hey! Look here!" said the puddle.

Hanni stopped and stared with wide eyes at the puddle. "Did you just speak?" she asked, puzzled.

"Yes, I did," replied the puddle, which suddenly looked like a small, sparkling water spirit. "I'm Pia, the talking puddle. I've been expecting you."

Hanni could hardly believe what she was hearing. "How can you talk?" she asked, fascinated.

"Well," Pia explained, "I'm a very special puddle. I was enchanted by a secret rain spell, and now I can talk and even grant wishes!"

"Really?" asked Hanni, intrigued. "What kind of wishes can you grant?"

"Anything you wish for, as long as it's not too crazy," Pia said with a mysterious smile.

Hanni thought for a moment and then had an idea. "I wish I could fly!"

Pia splashed excitedly, and the entire puddle began to glow. "Alright," she said. "Close your eyes and imagine yourself flying through the air."

Hanni closed her eyes and pictured herself soaring through the sky. Suddenly, she felt very light, and when she opened her eyes, she was actually floating above the ground. "Wow!" Hanni exclaimed, thrilled, as she zoomed through the air and looked down at the world from above.

She flew over the trees, the houses, and even over the nearby park. It was so exciting that she lost track of time. But eventually, it started to get dark, and Hanni knew she had to come back.

"Pia, how do I get back down?" she asked a little worriedly.

"Don't worry," Pia said soothingly. "Just think about the ground, and you'll land gently."

Hanni did as she was told and landed softly near her puddle. She was overjoyed and thanked Pia. "Thank you, Pia! That was amazing!"

"It was my pleasure," Pia said kindly. "But remember, you can only fly for a certain amount of time. When you come back, we can have many more adventures."

The next day, Hanni could hardly sleep. She couldn't wait to go back to the puddle and have another adventure. But when she went outside in the afternoon, the puddle was gone.

Hanni searched everywhere in the garden, but Pia was nowhere to be found. She asked her parents, but they knew nothing about a magical puddle. Disappointed, she went back inside, thinking about all the exciting moments she had shared with Pia.

But Hanni didn't give up. She knew the magical puddle must be out there somewhere. Every day, she searched the garden, hoping Pia would show up again. But days passed, and the puddle remained missing.

One day, when Hanni was feeling most desperate, she went out into the garden again. It was a sunny day, and the rain had stopped. Suddenly, she heard a faint splashing sound. Hanni turned around, and there it was – a small, glittering puddle.

"Pia!" Hanni exclaimed excitedly. "Is it really you?"

"Yes, it's me," Pia replied. "I haven't forgotten about you, Hanni. I just had to hide for a while to regain my strength."

Hanni beamed with joy. "I'm so happy to see you again!"

Pia smiled. "And I'm happy to chat with you again. How about we go on another adventure today?"

"That sounds fantastic!" Hanni said excitedly.

Hanni knew that she had found a very special friend in Pia, and that their adventures would never end as long as she believed in the magic of the puddle.

Die fliegende Katze

Max Müller war alles andere als ein gewöhnlicher Junge. Obwohl er in einer normalen Kleinstadt lebte, wo jeder Tag gleich zu sein schien, war Max ein Träumer. Er träumte von großen Abenteuern, fliegenden Drachen und sprechenden Tieren. Doch das Problem war, dass nie etwas Aufregendes passierte. Zumindest bis zu dem Tag, an dem er die Katze fand.

Es war ein Montagmorgen wie jeder andere, und Max schlurfte lustlos zur Schule. Auf dem Weg hörte er plötzlich ein seltsames Geräusch. Ein leises Miauen, das irgendwie von oben kam. Max blieb stehen, schaute sich um und konnte es nicht fassen: Eine Katze, eine ziemlich große und flauschige Katze, flog direkt über ihm in der Luft!

„Das ist doch unmöglich!", murmelte Max und rieb sich die Augen. Doch die Katze blieb in der Luft und schaute ihn direkt an. Sie hatte orange-weißes Fell, ein breites Grinsen und – zu Max' Überraschung – ein paar winzige Flügel auf ihrem Rücken, die wild flatterten.

„Du kannst doch nicht fliegen, oder?" Max sprach laut, obwohl er wusste, dass das absurd war.

„Natürlich kann ich fliegen," sagte die Katze und landete sanft vor ihm. „Wie sonst soll ich zu den besten Plätzen gelangen?"

Max' Mund klappte auf. „Du... du sprichst?"

Die Katze schüttelte belustigt den Kopf. „Ja, ich spreche. Ist das so ungewöhnlich?"

Max war sprachlos. „Nun ja... ja! Katzen sprechen normalerweise nicht!"

„Vielleicht nicht die Katzen, die du kennst“, sagte die Katze und strich sich elegant mit der Pfote über die Schnurrhaare. „Aber ich bin auch keine gewöhnliche Katze. Mein Name ist Sir Fluffington der Dritte, aber du kannst mich einfach Fluff nennen.“

Max war immer noch völlig verwirrt, aber er entschied sich, es einfach hinzunehmen. Immerhin hatte er sich immer gewünscht, dass etwas Aufregendes passieren würde.

„Warum fliegst du hier herum?“, fragte Max schließlich.

„Ich bin auf einer Mission“, sagte Fluff und setzte eine ernste Miene auf. „Die Welt ist in Gefahr!“

Max staunte. „In Gefahr?“

Fluff nickte feierlich. „Ja, in großer Gefahr. Der böse König Krumm will alle Kätzchen entführen und sie in seinen düsteren Turm sperren, um aus ihren Schnurren magische Kräfte zu gewinnen!“

Max konnte nicht anders, als zu lachen. „Ein böser König, der Kätzchen entführt? Das klingt verrückt.“

„Lachen ist nicht hilfreich“, sagte Fluff und sah Max streng an. „König Krumm ist gefährlicher, als du dir vorstellen kannst. Ich brauche deine Hilfe, um ihn aufzuhalten.“

Max zögerte. „Meine Hilfe? Aber ich bin nur ein normaler Junge.“

„Es gibt nichts Normales an dir, Max Müller“, sagte Fluff und trat näher. „Du hast den Mut eines Helden in dir. Ich kann es spüren.“

Max fühlte sich geschmeichelt, aber auch unsicher. „Was muss ich tun?“

Fluff grinste. „Steig auf meinen Rücken.“

„Was? Auf deinen Rücken?" Max war sich nicht sicher, ob die fliegende Katze das ernst meinte.

„Vertrau mir", sagte Fluff. „Wir müssen uns beeilen. Jede Sekunde zählt."

Obwohl Max zögerte, kletterte er vorsichtig auf Fluffs Rücken. Zu seiner Überraschung waren die kleinen Flügel stark genug, um ihn zu tragen. Mit einem kräftigen Flügelschlag hoben sie in die Luft.

„Wow!", rief Max, als sie über die Dächer der Stadt flogen. „Das ist unglaublich!"

„Warte, bis du das Schloss siehst", sagte Fluff und flog immer höher.

Nach einigen Minuten tauchte vor ihnen ein riesiges Schloss auf, das in den Wolken schwebte. Es war aus dunklem Stein gebaut und sah sehr furchterregend aus. „Das ist der düstere Turm von König Krumm", erklärte Fluff.

Sie landeten vor einem großen Tor, das knarrend aufging. „Bleib dicht bei mir", flüsterte Fluff. „Dieser Ort ist voller Fallen."

Gemeinsam schlichen sie durch dunkle Gänge, vorbei an gruseligen Gemälden und leise murmelnden Wachen. Schließlich erreichten sie einen großen Saal, in dessen Mitte ein Thron stand. Auf dem Thron saß ein düsterer Mann mit einer Krone aus zerbrochenem Glas und einem langen, schwarzen Mantel.

„Das muss König Krumm sein", flüsterte Max.

„Richtig", sagte Fluff. „Aber pass auf, er hat magische Kräfte."

Plötzlich drehte sich König Krumm zu ihnen um. „Wer wagt es, mein Schloss zu betreten?" Seine Stimme war tief und bedrohlich.

Fluff trat mutig vor. „Es ist vorbei, Krumm! Wir werden deine bösen Pläne stoppen!"

Krumm lachte schallend. „Ihr zwei? Ein Junge und eine fliegende Katze? Was für ein lächerlicher Versuch."

Doch Max fühlte, wie der Mut in ihm wuchs. „Du wirst keinen Erfolg haben, Krumm", sagte er fest. „Wir werden die Kätzchen retten!"

König Krumm fletschte die Zähne. „Na gut, wenn ihr es versucht, werdet ihr scheitern!" Er hob seine Hände, und dunkle Magie begann den Raum zu erfüllen.

„Jetzt, Max!", rief Fluff. „Glaub an dich selbst!"

Max spürte, wie eine unglaubliche Kraft in ihm aufstieg. Ohne nachzudenken, rannte er auf den Thron zu und stieß den bösen König von seinem Platz. Die dunkle Magie verschwand sofort.

„Nein!", rief König Krumm, als er in einer Rauchwolke verschwand.

Fluff drehte sich zu Max um und lächelte. „Du hast es geschafft, Max! Du hast den bösen König besiegt!"

Max konnte es kaum glauben. „Ich... ich habe es wirklich geschafft."

Plötzlich ertönte ein leises Miauen, und dutzende Kätzchen tauchten aus den Schatten auf. Sie alle rannten zu Max und Fluff, dankbar, dass sie gerettet worden waren.

„Du bist ein Held, Max", sagte Fluff. „Und vergiss nie: Das größte Abenteuer beginnt, wenn du daran glaubst."

Mit den geretteten Kätzchen und Fluff kehrte Max in seine Stadt zurück. Er war kein gewöhnlicher Junge mehr, sondern Max Müller, der Junge, der den bösen König Krumm besiegt hatte. Und er wusste, dass noch viele weitere Abenteuer auf ihn warteten.

29

The Flying Cat

———

Max Müller was anything but an ordinary boy. Though he lived in a normal small town where every day seemed the same, Max was a dreamer. He dreamed of big adventures, flying dragons, and talking animals. The problem was, nothing exciting ever happened. At least not until the day he found the cat.

It was a Monday morning like any other, and Max was trudging to school. On his way, he suddenly heard a strange sound. A soft meowing, but it seemed to be coming from above. Max stopped, looked around, and couldn't believe it: A cat, a rather large and fluffy cat, was flying directly above him in the air!

"That's impossible!" Max murmured, rubbing his eyes. But the cat stayed in the air, looking straight at him. It had orange and white fur, a wide grin, and – to Max's surprise – a pair of tiny wings fluttering wildly on its back.

"You can't possibly fly, can you?" Max spoke aloud, knowing it was absurd.

"Of course I can fly," said the cat, landing gently in front of him. "How else would I reach the best places?"

Max's jaw dropped. "You... you're talking?"

The cat shook its head in amusement. "Yes, I'm talking. Is that so unusual?"

Max was speechless. "Well... yes! Cats don't normally talk!"

"Maybe not the cats you know," said the cat, elegantly brushing its whiskers with a paw. "But I am no ordinary cat. My name is Sir Fluffington the Third, but you can call me Fluff."

Max was still completely confused, but he decided to just go with it. After all, he'd always wished for something exciting to happen.

"Why are you flying around here?" Max finally asked.

"I'm on a mission," said Fluff, putting on a serious face. "The world is in danger!"

Max's eyes widened. "In danger?"

Fluff nodded solemnly. "Yes, great danger. The evil King Krumm is kidnapping all the kittens and locking them in his dark tower to harness their magical purring powers!"

Max couldn't help but laugh. "An evil king kidnapping kittens? That sounds ridiculous."

"Laughing doesn't help," said Fluff, looking at Max sternly. "King Krumm is more dangerous than you can imagine. I need your help to stop him."

Max hesitated. "My help? But I'm just a normal boy."

"There's nothing normal about you, Max Müller," said Fluff, stepping closer. "You have the courage of a hero. I can feel it."

Max felt flattered, but still uncertain. "What do I have to do?"

Fluff grinned. "Climb onto my back."

"What? On your back?" Max wasn't sure if the flying cat was serious.

"Trust me," said Fluff. "We have to hurry. Every second counts."

Though hesitant, Max carefully climbed onto Fluff's back. To his surprise, the small wings were strong enough to carry him. With a powerful flap, they lifted into the air.

"Wow!" Max exclaimed as they flew over the rooftops of the town. "This is incredible!"

"Wait until you see the castle," said Fluff, flying higher and higher.

After a few minutes, a huge castle appeared before them, floating among the clouds. It was built from dark stone and looked very intimidating. "That's the dark tower of King Krumm," explained Fluff.

They landed in front of a large gate that creaked open. "Stay close to me," Fluff whispered. "This place is full of traps."

Together, they sneaked through dark hallways, past eerie paintings and quietly murmuring guards. Finally, they reached a large hall, with a throne in the center. On the throne sat a sinister man wearing a crown made of broken glass and a long, black cloak.

"That must be King Krumm," Max whispered.

"Right," said Fluff. "But be careful, he has magical powers."

Suddenly, King Krumm turned toward them. "Who dares to enter my castle?" His voice was deep and menacing.

Fluff stepped forward bravely. "It's over, Krumm! We're here to stop your evil plans!"

Krumm laughed loudly. "You two? A boy and a flying cat? What a ridiculous attempt."

But Max felt his courage growing. "You won't succeed, Krumm," he said firmly. "We're going to save the kittens!"

King Krumm bared his teeth. "Very well, if you try, you will fail!" He raised his hands, and dark magic began to fill the room.

"Now, Max!" shouted Fluff. "Believe in yourself!"

Max felt an incredible power rising inside him. Without thinking, he ran toward the throne and pushed the evil king off his seat. The dark magic disappeared instantly.

"No!" cried King Krumm as he vanished into a cloud of smoke.

Fluff turned to Max and smiled. "You did it, Max! You defeated the evil king!"

Max could hardly believe it. "I... I really did it."

Suddenly, a soft meowing could be heard, and dozens of kittens emerged from the shadows. They all ran to Max and Fluff, grateful to have been rescued.

"You're a hero, Max," said Fluff. "And never forget: The greatest adventure begins when you believe."

With the rescued kittens and Fluff, Max returned to his town. He was no longer an ordinary boy but Max Müller, the boy who had defeated the evil King Krumm. And he knew that many more adventures awaited him.

Der unglaubliche Herr Zwirbel

Es war einmal in einem kleinen, beschaulichen Dorf ein Mann, der so unglaublich war, dass keiner genau wusste, was er eigentlich den ganzen Tag tat. Dieser Mann war Herr Zwirbel. Er wohnte in einem schiefen Haus, das so aussah, als würde es jeden Moment umkippen, aber nie wirklich fiel.

Herr Zwirbel war ein großer, dünner Mann mit einem riesigen, grauen Schnurrbart, der sich wie ein Zwirbel um seine Lippen schlängelte. Niemand wusste, wie alt er war oder woher er kam, aber alle Kinder im Dorf waren fest davon überzeugt, dass er magische Fähigkeiten besaß. Manche sagten, er könnte die Zeit anhalten, andere meinten, er könnte durch Wände gehen.

Eines Tages, als der zehnjährige Paul und seine Freunde am Fluss spielten, sahen sie, wie Herr Zwirbel auf seinem Fahrrad durch die Luft flog – ja, durch die Luft! Sie standen mit offenen Mündern da, als er sanft auf der anderen Seite des Flusses landete und ihnen zuwinkte. Paul traute seinen Augen nicht. „Habt ihr das gesehen? Herr Zwirbel kann fliegen!"

Seine Freunde nickten stumm, genauso erstaunt wie er. „Vielleicht hat er wirklich magische Kräfte", sagte Leni, die immer die mutigste in der Gruppe war. „Wir müssen herausfinden, wie er das macht!"

Am nächsten Tag beschlossen Paul, Leni und die anderen, Herrn Zwirbel zu beobachten. Sie versteckten sich hinter einem großen Busch vor seinem schiefen Haus und warteten darauf, dass er etwas Unglaubliches tun würde. Sie mussten nicht lange warten.

Mit einem lauten Knarren öffnete sich die Tür, und Herr Zwirbel kam heraus. In seiner Hand hielt er einen großen, grünen Regenschirm, obwohl keine Wolke am Himmel zu sehen war. Er hob den Schirm in die Luft, und plötzlich wurde er vom Boden abgehoben, schwebte etwa einen Meter hoch und segelte gemächlich die Straße hinunter.

„Das gibt's doch nicht!" rief Paul. „Er benutzt den Schirm wie einen Heißluftballon!"

Die Kinder beschlossen, ihm zu folgen, und rannten ihm vorsichtig nach. Sie sahen, wie er in den Wald verschwand und sie winkend aufforderte, ihm zu folgen. Mit wild klopfenden Herzen schlichen sie ihm nach.

Im Wald führte Herr Zwirbel sie zu einem verborgenen Pfad, den sie noch nie zuvor gesehen hatten. Es war, als wäre dieser Teil des Waldes plötzlich aus dem Nichts aufgetaucht. Große, glänzende Blumen wuchsen am Wegesrand, und die Bäume schienen zu flüstern, als sie daran vorbeigingen.

„Wo führt er uns nur hin?" fragte Leni, die immer noch mutig, aber auch ein wenig nervös war.

Nach einer Weile erreichten sie eine Lichtung, auf der ein riesiges Zelt stand, das in allen Farben des Regenbogens leuchtete. Vor dem Zelt stand Herr Zwirbel und grinste über beide Ohren. „Willkommen zu meinem geheimen Zirkus!" rief er und machte eine tiefe Verbeugung.

„Geheimer Zirkus?" fragte Paul. „Aber es ist doch niemand hier!"

Herr Zwirbel zwinkerte ihnen zu. „Oh, das denkt ihr nur. Die Show beginnt gleich. Macht euch bereit, staunend zu sein!"

Plötzlich ertönte eine Musik aus dem Zelt, und aus dem Nichts erschienen die Zirkustiere: Ein Elefant mit Schmetterlingsflügeln, ein Löwe, der auf einem riesigen Seifenblasenball balancierte, und ein Hase, der jonglierte – aber nicht mit Bällen, sondern mit goldenen Sternen.

„Das... das ist unmöglich!" stotterte Paul. „Wie kann das sein?"

Herr Zwirbel lachte. „In meinem Zirkus ist nichts unmöglich, mein Junge! Hier wird alles, was du dir vorstellen kannst, wahr."

Leni und die anderen Kinder sahen fasziniert zu, wie die Show immer unglaublicher wurde. Ein riesiger Tintenfisch tauchte aus dem Boden auf und begann, ein Klavier zu spielen, während bunte Vögel ihm die Noten zuflüsterten. Die Kinder konnten ihren Augen kaum trauen.

Nach einer Weile sagte Herr Zwirbel: „Wisst ihr, warum ihr diese Dinge sehen könnt? Weil ihr an das Unmögliche glaubt. Die meisten Erwachsenen haben das längst verlernt."

Paul sah zu Herrn Zwirbel auf und fragte leise: „Und was passiert, wenn wir aufhören, daran zu glauben?"

Herr Zwirbel lächelte sanft. „Dann verschwindet der Zirkus, und die Magie ist weg. Aber solange ihr daran glaubt, wird sie immer bei euch sein."

Nach dem Ende der Show führte Herr Zwirbel die Kinder zurück zum Dorf. „Denkt daran, niemandem von dem Zirkus zu erzählen", sagte er und zwinkerte. „Das ist unser kleines Geheimnis."

Die Kinder nickten feierlich und versprachen, nie ein Wort darüber zu verlieren.

Am nächsten Tag ging das Leben im Dorf wie gewohnt weiter, aber Paul, Leni und die anderen wussten, dass sie etwas erlebt hatten, das sie nie vergessen würden. Und jedes Mal, wenn sie Herrn Zwirbel sahen, wussten sie, dass hinter seinem schiefen Haus und seinem riesigen Schnurrbart mehr steckte, als es den Anschein hatte.

Und wer weiß – vielleicht gibt es irgendwo in einem verborgenen Teil des Waldes immer noch einen geheimen Zirkus, der nur darauf wartet, von denjenigen entdeckt zu werden, die fest an das Unmögliche glauben.

The Incredible Mr. Zwirbel

Once upon a time, in a small, peaceful village, there lived a man so incredible that no one really knew what he did all day. This man was Mr. Zwirbel. He lived in a crooked house that looked like it would topple over at any moment but never actually did.

Mr. Zwirbel was a tall, thin man with a huge gray mustache that curled like a twist around his lips. Nobody knew how old he was or where he came from, but all the children in the village were convinced he had magical powers. Some said he could stop time; others claimed he could walk through walls.

One day, when ten-year-old Paul and his friends were playing by the river, they saw Mr. Zwirbel flying on his bicycle – yes, flying! They stood with their mouths wide open as he gently landed on the other side of the river and waved at them. Paul couldn't believe his eyes. "Did you see that? Mr. Zwirbel can fly!"

His friends nodded silently, just as astonished as he was. "Maybe he really does have magical powers," said Leni, who was always the bravest of the group. "We have to find out how he does it!"

The next day, Paul, Leni, and the others decided to watch Mr. Zwirbel. They hid behind a large bush in front of his crooked house and waited for him to do something incredible. They didn't have to wait long.

With a loud creak, the door opened, and Mr. Zwirbel stepped out. In his hand, he held a large green umbrella, though there wasn't a cloud in the sky. He lifted the umbrella into the air, and suddenly, he was lifted off the ground, floating about a meter up and sailing gently down the street.

"No way!" Paul exclaimed. "He's using the umbrella like a hot air balloon!"

The children decided to follow him and carefully ran after him. They watched as he disappeared into the forest, waving at them to follow. With hearts pounding wildly, they crept after him.

In the forest, Mr. Zwirbel led them to a hidden path they had never seen before. It was as if this part of the forest had suddenly appeared out of nowhere. Huge, shiny flowers grew along the path, and the trees seemed to whisper as they passed by.

"Where is he taking us?" Leni asked, still brave but a little nervous.

After a while, they reached a clearing where a huge tent stood, glowing in all the colors of the rainbow. In front of the tent, Mr. Zwirbel stood grinning from ear to ear. "Welcome to my secret circus!" he called, bowing deeply.

"Secret circus?" Paul asked. "But there's no one here!"

Mr. Zwirbel winked at them. "Oh, you just think that. The show is about to begin. Get ready to be amazed!"

Suddenly, music came from the tent, and out of nowhere, the circus animals appeared: an elephant with butterfly wings, a lion balancing on a giant bubble, and a rabbit juggling – but not with balls, with golden stars.

"That... that's impossible!" Paul stammered. "How can this be?"

Mr. Zwirbel laughed. "In my circus, nothing is impossible, my boy! Here, everything you can imagine becomes real."

Leni and the other children watched in fascination as the show became more and more incredible. A giant octopus appeared from the ground and began playing the piano, while colorful birds whispered the notes to him. The children could hardly believe their eyes.

After a while, Mr. Zwirbel said, "Do you know why you can see these things? Because you

can believe in the impossible. Most adults have forgotten how to do that."

Paul looked up at Mr. Zwirbel and quietly asked, "And what happens if we stop believing?"

Mr. Zwirbel smiled gently. "Then the circus disappears, and the magic is gone. But as long as you believe in it, it will always be with you."

After the show ended, Mr. Zwirbel led the children back to the village. "Remember, don't tell anyone about the circus," he said with a wink. "It's our little secret."

The children nodded solemnly, promising never to say a word.

The next day, life in the village went on as usual, but Paul, Leni, and the others knew that they had experienced something they would never forget. And every time they saw Mr. Zwirbel, they knew there was more behind his crooked house and his huge mustache than met the eye.

And who knows – maybe somewhere in a hidden part of the forest, there is still a secret circus waiting to be discovered by those who believe firmly in the impossible.

Der rätselhafte Herr Schabernack

In einem kleinen Dorf am Rande eines großen Waldes lebte ein Mann namens Herr Schabernack. Niemand wusste so recht, woher Herr Schabernack kam oder wie alt er war. Er trug immer einen bunten Anzug und hatte eine große, rote Nase, die ständig vor sich hin wackelte. Die Dorfbewohner hielten ihn für einen verrückten alten Kauz, und die Kinder im Dorf waren davon überzeugt, dass er ein großer Magier war, obwohl sie keinen einzigen Zaubertrick von ihm gesehen hatten.

Eines Tages, als die Sonne besonders warm schien und die Vögel fröhlich zwitscherten, machten sich die fünf Freunde Max, Emma, Jonas, Lisa und Tim auf, um ein Abenteuer im Wald zu erleben. Die Freunde waren immer auf der Suche nach aufregenden Entdeckungen und hatten schon so manches Geheimnis gelüftet. Diesmal waren sie fest entschlossen, dem Geheimnis von Herr Schabernack auf den Grund zu gehen.

„Habt ihr gehört? Herr Schabernack soll ein geheimes Labor in seinem Haus haben", sagte Max, der immer gerne die spannendsten Geschichten erzählte.

„Wirklich?", fragte Emma skeptisch. „Wie kommen wir denn an dieses Labor ran?"

„Ich habe gehört, dass es durch eine versteckte Tür im Garten zugänglich ist", erklärte Jonas. „Wenn wir dort ein bisschen suchen, finden wir vielleicht einen Weg hinein."

„Na dann, los geht's!", rief Tim und packte seine Taschenlampe ein. Die Freunde machten sich auf den Weg zum Haus von Herr Schabernack.

Das Haus von Herr Schabernack war genauso schräg wie sein Besitzer. Es sah aus, als wäre es aus tausend bunten Kacheln zusammengebaut worden, und die Fenster waren schief und wackelten im Wind. Der Garten war voller seltsamer Pflanzen, die in allen möglichen Farben leuchteten.

„Wir sollten uns besser beeilen", sagte Lisa, während sie sich vorsichtig zwischen den Pflanzen hindurchschlängelte. „Es wird bald dunkel."

Die Kinder schlichen sich durch den Garten und entdeckten eine kleine Tür, die hinter einem großen Busch versteckt war. Tim zog ein Werkzeugset aus seiner Tasche und versuchte vorsichtig, die Tür zu öffnen. Mit einem leisen Knack öffnete sie sich, und die Freunde schlüpften hinein.

Im Inneren des Hauses war alles noch verrückter als draußen. Die Wände waren mit merkwürdigen Bildern und knallbunten Mustern bedeckt. Überall standen alte Regale mit gläsernen Flaschen, die geheimnisvolle Flüssigkeiten enthielten. Die Freunde waren fasziniert und vorsichtig zugleich.

„Schaut euch das an!", rief Max aufgeregt und zeigte auf ein großes Buch, das auf einem Tisch lag. „Das könnte das Geheimnis von Herr Schabernack sein!"

Emma blätterte durch die Seiten des Buches und fand eine Zeichnung von einem seltsamen Gerät, das wie ein Mischung aus einer Uhr und einer Kaffeekanne aussah. „Vielleicht ist das sein geheimes Laborgerät", sagte sie.

Plötzlich hörten sie ein Geräusch. Es klang wie ein leises Summen, das immer lauter wurde. Die Kinder blickten sich nervös um, als eine Stimme ertönte.

„Wer wagt es, in mein geheimes Labor einzudringen?"

Die Kinder erstarrten und sahen sich ängstlich an. Dann trat Herr Schabernack in den Raum, sein bunter Anzug schimmerte im Licht der Glühbirnen.

„Ich wusste, dass ihr irgendwann kommen würdet", sagte Herr Schabernack mit einem breiten Grinsen. „Ich habe schon seit Tagen gesehen, wie ihr euch meinem Haus genähert habt."

Die Kinder waren verblüfft. „Wie hast du das gewusst?" fragte Jonas.

Herr Schabernack zuckte mit den Schultern. „Manchmal spürt man einfach Dinge. Aber keine Angst, ich werde euch nichts tun. Im Gegenteil – ich freue mich, dass ihr so neugierig seid."

Er wies auf die seltsamen Geräte und Flaschen. „Ich bin ein Erfinder, kein Magier. Alles hier ist Teil meiner Experimente und Erfindungen."

„Was für Experimente?" fragte Lisa neugierig.

„Nun, das hier ist mein neuestes Projekt", sagte Herr Schabernack und zeigte auf das merkwürdige Gerät, das wie eine Mischung aus Uhr und Kaffeekanne aussah. „Es ist eine Zeitmaschine."

„Eine Zeitmaschine?" wiederholten die Kinder ungläubig.

„Ja", bestätigte Herr Schabernack. „Ich arbeite daran, durch die Zeit zu reisen. Bis jetzt habe ich einige interessante Ergebnisse erzielt."

Die Kinder waren fasziniert. „Können wir eine Reise durch die Zeit machen?" fragte Max aufgeregt.

Herr Schabernack lächelte. „Natürlich! Wenn ihr bereit seid, könnt ihr eine kurze Reise durch die Zeit machen. Aber denkt daran, dass es aufregend sein wird und ihr euch gut festhalten müsst."

Die Kinder nickten eifrig, und Herr Schabernack stellte die Zeitmaschine auf. Mit einem seltsamen Geräusch und einem Blitz von bunten Lichtern wurden die Kinder in eine andere Zeit katapultiert.

Als sie wieder zu sich kamen, befanden sie sich in einem alten Dorf aus dem Mittelalter. Die Menschen trugen alte Kleidung, und es roch nach frischem Brot und Holzrauch.

„Wo sind wir?" fragte Emma.

„Ich glaube, wir sind im Mittelalter", sagte Herr Schabernack. „Hier könnt ihr sehen, wie das Leben damals war."

Die Kinder erkundeten das Dorf und waren erstaunt über die Unterschiede zur heutigen Zeit. Sie halfen einem Bäcker, Brot zu backen, sahen einen Ritter bei einem Turnier zu und lernten viel über das Leben im Mittelalter.

Nach einer aufregenden Zeitreise führte Herr Schabernack die Kinder zurück in ihr eigenes Dorf. „Das war unglaublich", sagte Tim. „Wir haben so viel gelernt."

„Ja", stimmte Paul zu. „Danke, Herr Schabernack. Du hast uns ein Abenteuer gezeigt, das wir nie vergessen werden."

„Gern geschehen", sagte Herr Schabernack lächelnd. „Und denkt daran: Die Welt ist voller Wunder, wenn man nur genau hinsieht und neugierig bleibt."

Mit einem letzten Blick auf die bunten Fliesen und die schiefen Fenster verließen die Kinder das verrückte Haus von Herr Schabernack und gingen nach Hause. Sie wussten, dass sie immer wieder an diesen Tag zurückdenken würden und an die Zeit, als sie mit dem rätselhaften Herrn Schabernack auf eine unvergessliche Reise durch die Zeit gegangen waren.

The Mysterious Mr. Schabernack

In a small village on the edge of a great forest lived a man named Mr. Schabernack. Nobody really knew where Mr. Schabernack came from or how old he was. He always wore a colorful suit and had a large red nose that wiggled constantly. The villagers thought he was a crazy old fellow, and the children in the village were convinced he was a great magician, even though they had never seen him perform a single magic trick.

One day, when the sun was particularly warm and the birds were chirping happily, five friends—Max, Emma, Jonas, Lisa, and Tim—set out for an adventure in the forest. The friends were always looking for exciting discoveries and had already uncovered many secrets. This time, they were determined to get to the bottom of Mr. Schabernack's mystery.

"Have you heard? Mr. Schabernack is said to have a secret laboratory in his house," said Max, who always told the most exciting stories.

"Really?" Emma asked skeptically. "How are we going to get into this laboratory?"

"I heard there's a hidden door in the garden that leads to it," explained Jonas. "If we search around, we might find a way in."

"Well then, let's go!" called Tim, packing his flashlight. The friends headed toward Mr. Schabernack's house.

Mr. Schabernack's house was just as crooked as its owner. It looked like it was built from a thousand colorful tiles, and the windows were tilted and rattled in the wind. The garden was full of strange plants that glowed in all sorts of colors.

"We'd better hurry," said Lisa as she carefully wove her way between the plants. "It's going to get dark soon."

The children sneaked through the garden and discovered a small door hidden behind a large bush. Tim took out a toolkit from his bag and carefully tried to open the door. With a quiet click, it opened, and the friends slipped inside.

Inside the house, everything was even crazier than outside. The walls were covered with weird pictures and brightly colored patterns. Everywhere were old shelves with glass bottles containing mysterious liquids. The friends were fascinated and cautious at the same time.

"Look at this!" Max exclaimed excitedly, pointing to a large book lying on a table. "This might be Mr. Schabernack's secret!"

Emma flipped through the pages of the book and found a drawing of a strange device that looked like a cross between a clock and a coffee pot. "Maybe this is his secret laboratory device," she said.

Suddenly, they heard a noise. It sounded like a faint buzzing that grew louder. The children nervously looked around as a voice spoke.

"Who dares to intrude into my secret laboratory?"

The children froze and looked at themselves anxiously. Then Mr. Schabernack stepped into the room, his colorful suit shimmering in the light of the bulbs.

"I knew you would come eventually," Mr. Schabernack said with a wide grin. "I've seen you approaching my house for days."

The children were astonished. "How did you know?" Jonas asked.

Mr. Schabernack shrugged. "Sometimes you just sense things. But don't worry, I won't harm you. On the contrary – I'm delighted you're so curious."

He pointed to the strange devices and bottles. "I'm an inventor, not a magician. Everything here is part of my experiments and inventions."

"What kind of experiments?" Lisa asked eagerly.

"Well, this is my latest project," Mr. Schabernack said, pointing to the odd device that looked like a mix between a clock and a coffee pot. "It's a time machine."

"A time machine?" the children echoed in disbelief.

"Yes," Mr. Schabernack confirmed. "I'm working on traveling through time. So far, I've achieved some interesting results."

The children were fascinated. "Can we take a trip through time?" Max asked excitedly.

Mr. Schabernack smiled. "Of course! If you're ready, you can take a short journey through time. But remember, it will be thrilling, and you must hold on tight."

The children eagerly nodded, and Mr. Schabernack set the time machine. With a strange noise and a flash of colorful lights, the children were catapulted into another time.

When they came to, they found themselves in an old village from the Middle Ages. People were wearing old-fashioned clothes, and it smelled of fresh bread and wood smoke.

"Where are we?" Emma asked.

"I think we're in the Middle Ages," Mr. Schabernack said. "Here, you can see how life was back then."

The children explored the village and were amazed by the differences from their own time. They helped a baker make bread, watched a knight in a tournament, and learned a lot about medieval life.

After an exciting time-travel adventure, Mr. Schabernack brought the children back to their own village. "That was incredible," Tim said. "We've learned so much."

"Yes," Paul agreed. "Thank you, Mr. Schabernack. You've shown us an adventure we will never forget."

"You're welcome," Mr. Schabernack said with a smile. "And remember: The world is full of wonders if you just look closely and stay curious."

With one last look at the colorful tiles and crooked windows, the children left Mr. Schabernack's quirky house and went home. They knew they would always remember this day and the time they had gone on an unforgettable journey through time with the mysterious Mr. Schabernack.

Die verrückte Erfindung des Professor Kaplan

Es war ein ganz gewöhnlicher Dienstagmorgen in der kleinen Stadt Blumental. Die Sonne schien, die Vögel zwitscherten, und alle schienen ihren täglichen Aufgaben nachzugehen – bis auf Professor Kaplan. Der seltsame, aber liebenswerte Professor lebte am Rand der Stadt in einem Haus, das so krumm und schief war, dass man sich fragte, wie es überhaupt noch stand.

Professor Kaplan war ein Erfinder. Aber nicht irgendein Erfinder – seine Erfindungen waren so seltsam und außergewöhnlich, dass die meisten Menschen sie nicht wirklich verstanden. Zum Beispiel hatte er einmal einen „Fliegenden Pudding" erfunden. Niemand wusste, warum man fliegenden Pudding brauchte, aber der Professor war stolz auf seine Kreation.

Eines Tages stand Professor Kaplan vor einer neuen Herausforderung. Er hatte sich in den Kopf gesetzt, die größte Erfindung seines Lebens zu machen – eine Maschine, die Menschen unsichtbar machen konnte! „Stellt euch nur vor, was für tolle Streiche man spielen könnte!" rief er begeistert, während er an seinem Gerät herumschraubte.

Der Professor arbeitete Tag und Nacht an seiner Erfindung. Schrauben wurden festgezogen, Kabel verbunden, und ein großer Hebel kam in die Mitte des seltsamen Apparats. Schließlich, nach Wochen harter Arbeit, war die Maschine fertig.

Professor Kaplan stand stolz vor seinem Werk und überlegte, wer wohl der erste Testkandidat sein sollte. Da klopfte es plötzlich an seiner Tür.

„Professor Kaplan! Sind Sie zu Hause?" Es war Finn, der neugierige Junge aus der Nachbarschaft. Er hatte von der neuen Erfindung des Professors gehört und war sehr neugierig.

„Finn, mein Junge! Du kommst genau zur rechten Zeit", sagte der Professor mit einem breiten Grinsen. „Möchtest du als Erster meine Unsichtbarkeitsmaschine testen?"

Finns Augen weiteten sich. Unsichtbar werden? Das klang aufregend! „Aber... ist das sicher?" fragte er zögerlich.

„Natürlich!" sagte Professor Kaplan mit einem leichten Kichern. „Was könnte schon schiefgehen?"

Mit einem mulmigen Gefühl im Bauch stieg Finn in die Maschine. Der Professor drehte an ein paar Knöpfen, zog den großen Hebel, und plötzlich hörte man ein lautes Zischen und Knacken.

„Professor? Ich fühle mich irgendwie komisch", sagte Finn unsicher.

„Das ist normal! Das ist nur die Unsichtbarkeit, die einsetzt!" rief der Professor fröhlich.

Doch als der Rauch sich legte, war Finn nicht verschwunden. Stattdessen stand er da, aber er war... winzig! So groß wie ein Teelöffel!

„Ähm, Professor... Ich glaube, das war nicht der Plan", sagte Finn und schaute entsetzt auf seine winzigen Hände.

Professor Kaplan kratzte sich am Kopf. „Oh je... Ich glaube, ich habe den falschen Hebel benutzt."

„Was sollen wir jetzt machen?" fragte Finn, der nun auf dem Tisch des Professors stand.

„Keine Sorge, mein Junge! Ich werde dich schon wieder groß bekommen“, sagte der Professor, während er eilig durch seine Notizen blätterte.

Doch gerade, als er eine Lösung finden wollte, klopfte es erneut an der Tür. Es war Leni, Finns beste Freundin. Sie wollte wissen, warum Finn so lange weg war.

„Professor Kaplan, haben Sie Finn gesehen?“, fragte sie.

„Ähm, ja... Er ist hier“, antwortete der Professor zögerlich und zeigte auf den winzigen Finn.

„Finn!? Was ist passiert?“ rief Leni erschrocken.

„Leni, ich bin geschrumpft! Der Professor hat etwas falsch gemacht“, erklärte Finn.

Leni schlug die Hände über dem Kopf zusammen. „Wir müssen das sofort beheben!“

Professor Kaplan nickte eifrig. „Ja, ja, ich arbeite daran! Aber... vielleicht möchtet ihr auch einen Tee, während ihr wartet?“ sagte er und lächelte schief.

Doch Leni war nicht nach Tee zumute. Sie schnappte sich den Plan des Professors und begann, die Notizen zu studieren. „Hier steht, dass man den grünen Knopf drücken muss, um die richtige Größe wiederherzustellen“, sagte sie.

„Oh, natürlich! Wie konnte ich das nur übersehen?“ rief der Professor.

Er drückte den grünen Knopf, und plötzlich begann Finn zu wachsen. Innerhalb weniger Sekunden war er wieder in seiner normalen Größe.

„Puh! Das war knapp“, sagte Finn erleichtert.

„Ich glaube, es ist besser, wenn wir keine weiteren Tests mit der Maschine machen", sagte Leni und sah den Professor streng an.

Professor Kaplan nickte. „Vielleicht hast du recht, meine Liebe. Manchmal ist es besser, die Dinge so zu lassen, wie sie sind."

Und so verabschiedeten sich Finn und Leni von Professor Kaplan und machten sich auf den Heimweg. Sie wussten, dass sie diesen Tag so schnell nicht vergessen würden.

Doch tief in seinem krummen und schiefen Haus schraubte Professor Kaplan bereits an seiner nächsten verrückten Erfindung. Was es wohl dieses Mal sein würde?

Professor Kaplan's Crazy Invention

It was a perfectly ordinary Tuesday morning in the small town of Blumental. The sun was shining, the birds were chirping, and everyone seemed to be going about their daily business—except for Professor Kaplan. The strange but lovable professor lived on the edge of town in a house that was so crooked and askew, you wondered how it was still standing.

Professor Kaplan was an inventor. But not just any inventor—his inventions were so odd and extraordinary that most people didn't quite understand them. For example, he once invented a "Flying Pudding." No one knew why anyone needed flying pudding, but the professor was proud of his creation.

One day, Professor Kaplan faced a new challenge. He had set his mind on creating the greatest invention of his life—a machine that could make people invisible! "Just imagine the pranks you could pull!" he exclaimed excitedly as he fiddled with his device.

The professor worked day and night on his invention. Screws were tightened, wires connected, and a big lever was placed in the center of the strange apparatus. Finally, after weeks of hard work, the machine was ready.

Professor Kaplan stood proudly before his creation, wondering who the first test subject should be. Just then, there was a knock at his door.

"Professor Kaplan! Are you home?" It was Finn, the curious boy from the neighborhood. He had heard about the professor's new invention and was very intrigued.

"Finn, my boy! You've come at just the right time," said the professor with a wide grin. "Would you like to be the first to test my invisibility machine?"

Finn's eyes widened. Becoming invisible? That sounded exciting! "But... is it safe?" he asked hesitantly.

"Of course!" said Professor Kaplan with a chuckle. "What could possibly go wrong?"

With a nervous feeling in his stomach, Finn climbed into the machine. The professor twisted a few knobs, pulled the big lever, and suddenly there was a loud hiss and crackling sound.

"Professor? I feel kind of strange," said Finn uncertainly.

"That's normal! It's just the invisibility kicking in!" the professor called out cheerfully.

But when the smoke cleared, Finn wasn't gone. Instead, he stood there—but he was... tiny! As small as a teaspoon!

"Uh, Professor... I don't think this was the plan," said Finn, staring in shock at his tiny hands.

Professor Kaplan scratched his head. "Oh dear... I think I pulled the wrong lever."

"What are we going to do now?" asked Finn, now standing on the professor's desk.

"Don't worry, my boy! I'll get you back to your normal size," said the professor, frantically flipping through his notes.

Just as he was about to find a solution, there was another knock at the door. It was Leni, Finn's best friend. She wanted to know why Finn had been gone so long.

"Professor Kaplan, have you seen Finn?" she asked.

"Um, yes... he's right here," the professor replied hesitantly, pointing to the tiny Finn.

"Finn!? What happened?" Leni cried in shock.

"Leni, I shrank! The professor made a mistake," explained Finn.

Leni threw her hands up in the air. "We have to fix this right away!"

Professor Kaplan nodded eagerly. "Yes, yes, I'm working on it! But... perhaps you'd like some tea while you wait?" he said with a crooked smile.

But Leni wasn't in the mood for tea. She grabbed the professor's blueprint and started studying the notes. "It says here that you need to press the green button to restore the correct size," she said.

"Oh, of course! How could I have missed that?" cried the professor.

He pressed the green button, and suddenly Finn began to grow. Within seconds, he was back to his normal size.

"Phew! That was close," said Finn with relief.

"I think it's best if we don't do any more tests with this machine," said Leni, giving the professor a stern look.

Professor Kaplan nodded. "You might be right, my dear. Sometimes it's better to leave things as they are."

And so, Finn and Leni said goodbye to Professor Kaplan and headed home. They knew they wouldn't forget this day anytime soon.

But deep in his crooked and askew house, Professor Kaplan was already working on his next crazy invention. What would it be this time?